… EL PEQUEÑO GRAN LIBRO DE LA
MÚSICA

JOSE LÓPEZ Y XAVIER ROMEU

EL PEQUEÑO GRAN LIBRO DE LA MÚSICA

ILUSTRACIONES DE MARÍA SIMAVILLA

laGalera

Primera edición: noviembre de 2021

Diseño y maquetación: Estudio Sandra Dios

© 2021, Jose M. López (texto)
© 2021, Xavier Romeu (texto)
© 2021, María Simavilla (ilustraciones)
© 2021, la Galera, SAU Editorial (edición)

Dirección editorial: Pema Maymó

La Galera es un sello de Grup Enciclopèdia
Josep Pla, 95
08019 Barcelona
www.lagaleraeditorial.com

Impreso en Tallers Gràfics Soler
ISBN: 978-84-246-6849-5
Depósito legal: B. 8.553-2021
Impreso en la UE

Cualquier tipo de reproducción, distribución, comunicación pública o transformación de esta obra queda rigurosamente prohibida y estará sometida a las sanciones establecidas por la ley. El editor faculta a CEDRO (Centro Español de Derechos Reprográficos, www.cedro.org) para que autorice la fotocopia o el escaneado de algún fragmento a las personas que estén interesadas.

INTRODUCCIÓN

Querer explicar qué es la música es como querer ponerle puertas al mar. Nos desborda por los cuatro costados, llega a todos los rincones, se escapa por afluentes y, de un modo u otro, siempre está conectado. Es inabarcable. La música nunca se acaba de explicar.

Hay muchas maneras de acercarse a ella, de intentar describirla, enseñarla y disfrutarla. Pero todas tienen algo en común, una palabra que el agua siempre arrastra hasta la orilla: la emoción. La música es pura emoción. Y, ¿quién escapa a las emociones? ¿Quién no sabe lo que es estar contento o triste, alegre o furioso? ¿Quién no se ha sentido alguna vez relajado, o con ganas de bailar, o con la energía suficiente para conquistar el mundo? ¿Quién no ha pensado en escribirle una canción a la persona que le gusta, o ha ido en coche soñando que está en un videoclip? Las emociones son universales, son de todos. Y, por lo tanto, la música es de todos: es tuya, es nuestra.

Para disfrutar de ella, no hace falta ser expertos, ni tocar un instrumento, no importa la edad ni dónde hayamos nacido. Solo se necesitan dos cosas: que alguien la interprete y alguien la escuche. Y nada más. Al interpretarla, le damos vida.

En las siguientes páginas, encontraréis un viaje a través de las formaciones y géneros musicales de la historia. Desde el cantante o músico que ensaya en soledad en casa, hasta la orquesta que llena un gran teatro; desde el concierto de cámara, hasta un escenario frente a miles de personas.

Para ello, hemos querido exponer los conceptos más básicos y algunos de los aspectos más característicos de estos géneros y formaciones musicales. Somos conscientes de que nuestra propuesta viene influenciada por la cultura que nos rodea, y está limitada por el espacio y objetivo de este libro. Aun no estando todos los que son, son todos los que están. Y todo ello, acompañado por las magníficas y detalladas ilustraciones de María Simavilla, a la que los autores tuvieron asediada a base de canciones y canciones y canciones… El resultado, como es de esperar de sus manos y pinceles, está lleno de magia.

También conoceréis a Ivet, una enamorada de la música que, con su aprobación y entendimiento, nos ha mantenido siempre en el camino. Su curiosidad solo es comparable a su entusiasmo por cambiar de *look* y participar del espectáculo.

Por último, os invitamos a que acompañéis la lectura con la *playlist* que proponemos para cada sección, y a la que podréis acceder mediante un código QR al final del libro.

La música es un lugar al que siempre podemos acudir. Y puede que lo más bonito sea compartirla. Es por eso que, con este libro, queremos compartir nuestra pasión y entusiasmo por ella.

ÍNDICE TEMÁTICO

Ensayo orquesta
Concierto orquesta
Ópera
El Coro
Música de cámara
El músico en casa
Blues
Jazz
Big band
Soul-Funk-Disco
Rock
Rock II
Heavy metal
Latina
Flamenco
Cantautores y Folclore
Pop
Pop II
Hip hop
DJ-dance
Detrás de los músicos

Glosario
Playlist (código QR)
Biografías

ENSAYO ORQUESTA

Empezamos visitando el ensayo de una orquesta. Hay muchos instrumentos y son muy distintos. Sería casi imposible poner a tanta gente de acuerdo sin ensayar. Suerte que está el director, que es el encargado de coordinar a todos los músicos y de decidir cómo se interpretará la pieza.

En esta tarea le ayuda el concertino, que es el violinista principal, y hace de intermediario entre el director y la sección de cuerda de la orquesta.

¡Y aquí todo el mundo viene de casa con la lección aprendida!

Los instrumentos se agrupan en diferentes familias. Echemos un vistazo a cómo se ubican dentro de la orquesta.

Percusión Viento-metal

Viento-madera Cuerda

No, no es un error. Aunque estén hechos de metal, la flauta travesera y los saxos son instrumentos de viento-madera. Esto se debe a que tienen una pequeña pieza de madera en la embocadura. Esta pieza se llama **lengüeta** o **caña**. El sonido se produce con la vibración de la lengüeta cuando soplamos.

En cambio, en los instrumentos de viento-metal, el sonido proviene de la vibración de los labios dentro de la **boquilla**, que está hecha de metal.

En el caso de la flauta travesera, simplemente es porque las primeras flautas se hicieron de madera.

CONCIERTO ORQUESTA

Justo antes de empezar, el oboe y el concertino dan una nota que servirá a los demás para afinar el instrumento. Todos preparados, se hace el silencio. El director usa la batuta para marcar el inicio. Comienza el concierto: los músicos tocan y la pieza cobra vida.

En las composiciones para orquesta encontramos de manera exacta cómo debe tocar cada uno de los instrumentos y en qué momento debe hacerlo. Eso quiere decir que los compositores pensaron cómo sonarían individualmente y, a la vez, qué resultaría de tocarlos todos al mismo tiempo.

Y no son pocos.

Son muchos los compositores que han pasado a la historia gracias a sus excepcionales obras musicales para orquesta. Algunos de los más importantes son Johann Sebastian Bach, Wolfgang Amadeus Mozart, Ludwig van Beethoven y Gustav Mahler.

ÓPERA

Vamos un paso más allá y combinamos la música de orquesta con el teatro y el canto. Música emocionante y apasionada, puesta en escena espectacular, cuerpos de baile fabulosos y cantantes extraordinarios, que no necesitan micrófono para llenar el teatro con su voz. Todo esto está presente en la ópera.

La manera tan peculiar de cantar ópera tiene su origen en el **bel canto**. Es una técnica vocal muy compleja que permite cantar con una gran potencia y, a la vez, un gran control. Y todo esto dentro de una amplia gama de agudos y graves.

A lo largo de la obra hay ciertas canciones que son interpretadas por solistas. Son momentos clave dentro de la historia, muy importantes para el personaje, y están pensados para que el cantante pueda mostrar todo su virtuosismo. Estos fragmentos se llaman **arias**, y suelen ser los más celebrados por el público.

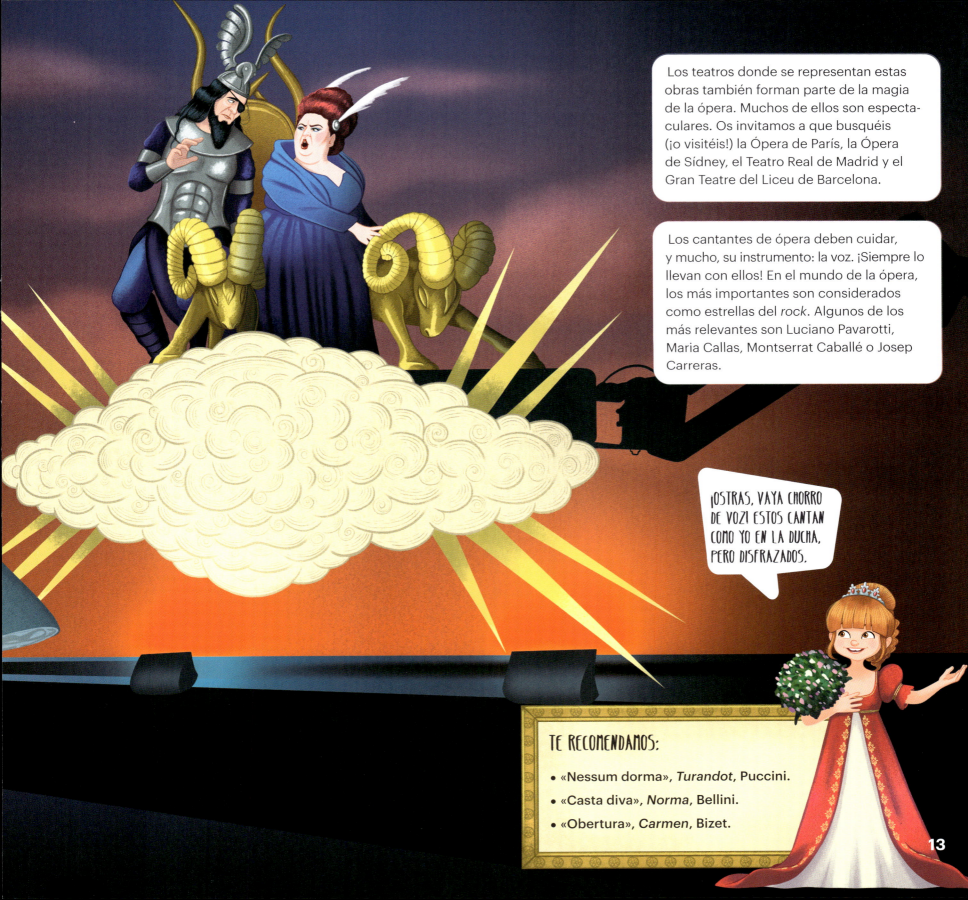

Los teatros donde se representan estas obras también forman parte de la magia de la ópera. Muchos de ellos son espectaculares. Os invitamos a que busquéis (¡o visitéis!) la Ópera de París, la Ópera de Sídney, el Teatro Real de Madrid y el Gran Teatre del Liceu de Barcelona.

Los cantantes de ópera deben cuidar, y mucho, su instrumento: la voz. ¡Siempre lo llevan con ellos! En el mundo de la ópera, los más importantes son considerados como estrellas del *rock*. Algunos de los más relevantes son Luciano Pavarotti, Maria Callas, Montserrat Caballé o Josep Carreras.

¡OSTRAS, VAYA CHORRO DE VOZ! ESTOS CANTAN COMO YO EN LA DUCHA, PERO DISFRAZADOS.

TE RECOMENDAMOS:

- «Nessum dorma», *Turandot*, Puccini.
- «Casta diva», *Norma*, Bellini.
- «Obertura», *Carmen*, Bizet.

EL CORO

¿Sabéis qué instrumento tenemos todos, y seguro que hemos usado en más de una ocasión? ¡Exacto, la voz!

Quién no ha cantado o tarareado alguna vez una canción... Al hacerlo, estamos dando vida a la música. Cantar es la expresión mínima de la interpretación musical. Y cuando lo hacemos en grupo estamos formando una coral o **coro**.

Podemos encontrar coros de diferentes estilos, niveles y registros cantando en cualquier lugar del mundo. Además, tienen una gran importancia en las óperas y el teatro musical.

Aunque cada uno de nosotros pueda tener una voz distinta, eso no impide que nos podamos juntar para cantar y crear un sonido sorprendente.

Estas voces se clasifican principalmente en cuatro grupos a los que llamamos **cuerdas**. Las mujeres con la voz más aguda y las voces blancas (los niños y las niñas) reciben el nombre de **soprano**. Y con la voz más grave, **contralto**. En cambio, los hombres con la voz más aguda se llaman **tenores**. Y con la voz más grave, **bajos**.

A la hora de cantar a la vez, lo más usual es que todos cantemos lo que llamamos «melodía principal». No obstante, también podemos hacer que, mientras unos cantan esa melodía, otros la acompañen cantando notas diferentes. A esto lo llamamos «segunda voz». Aunque pueda parecer que será caótico, el resultado está lleno de belleza.

Esto es posible gracias a que alguien ha compuesto la canción pensando en que todo suene bien en su conjunto.

También encontramos coros en muchos actos religiosos. En España, un buen ejemplo es el Coro de la Escolanía de El Escorial. A nivel mundial, uno de los tipos de coro más conocido es el **góspel**. Originariamente estaba dedicado a la música espiritual negra, pero hoy en día multitud de coros de todo el mundo interpretan canciones de góspel, incluyendo la coreografía y la puesta en escena.

AHORA ENTIENDO POR QUÉ A MIS TÍOS LES GUSTA TANTO FORMAR PARTE DEL CORO DEL PUEBLO. CREO QUE YO TAMBIÉN ME APUNTARÉ.

TE RECOMENDAMOS:
- «Va, pensiero», *Nabucco*, Verdi.
- «Do you hear the people sing», *Les Miserables*, Schönberg.
- «Oh, fortuna», *Carmina Burana*, Carl Orff.

MÚSICA DE CÁMARA

¿Qué ocurre si nos gusta la música de orquesta, la de la ópera o la coral, pero no tenemos el espacio necesario para tantos músicos? ¿O si, simplemente, queremos hacerlo más íntimo? Precisamente por este motivo, nació la música de cámara.

Siglos atrás no existía internet, la música no se podía grabar, y ni tan solo se habían inventado los altavoces. Así que, cuando los aristócratas querían obsequiar con música a sus amigos (o incluso presumir un poco), organizaban pequeños conciertos en casa utilizando esta fórmula.

Lo más habitual son los cuartetos de cuerda, aunque también podemos encontrar tríos o quintetos. Por ejemplo, añadiendo un piano. Además, también puede haber formaciones con instrumentos de otras familias, como un trío de guitarras, un cuarteto de voces o un quinteto de saxos.

En la actualidad, es habitual encontrar estos grupos en bodas y celebraciones, adaptando el repertorio a cualquier tipo de género.

Como los instrumentos acústicos no tienen botón de volumen para indicar la intensidad con la que hay que tocar se usa el siguiente código:

Si en la partitura aparece una (*p*), quiere decir que se ha de tocar «piano», que a su vez significa 'flojito'. En cambio, si aparece una (*f*), quiere decir que se ha de tocar «forte», es decir, 'fuerte'.

También hay grados intermedios, de más flojito a más fuerte:

(pp) pianissimo — (p) piano — (mp) mezzopiano — (mf) mezzoforte — (f) forte — (ff) fortissimo

PUES AHORA QUE LO SÉ, ME PARECE QUE SERÁ EL REGALO DE CUMPLEAÑOS PERFECTO PARA LA ABUELA.

TE RECOMENDAMOS:
- *Op. 131*, Beethoven.
- *Op. 76*, nº 3 «Emperador», Haydn.
- «Thunderstuck», 2Cellos (AC/DC).

BLUES

El blues hace referencia al color azul, que es el color asociado con la tristeza. Y es que los orígenes de este género son tristes: es la música que cantaban los esclavos traídos de África para trabajar en los campos de algodón de Estados Unidos. Por eso, en las primeras canciones de blues no encontramos letras alegres o ritmos ágiles. La mayoría hablaban del desamor, la dureza del trabajo, la pobreza o, incluso del mismísimo diablo, ya que se alejaba de las canciones religiosas.

Aun así, el blues es un tipo de música atractiva que reconforta a quien la escucha. Y con el tiempo ha ido evolucionando con ritmos más rápidos y más diversidad en las letras.

Se puede tocar blues estando bajo un árbol acompañado tan solo de una armónica, o hacerlo en grupo delante de un gran público.

El instrumento más utilizado es la guitarra, a la que se acostumbra a añadir la batería, el bajo, y, en ocasiones, otros instrumentos como el piano, el saxo o una segunda guitarra.

JAZZ

Cuando hablamos de jazz, el concepto clave es la **improvisación**, es decir, inventar la música que tocamos conforme avanza la canción. Pero antes, alguien tuvo que componer una melodía y una serie de acordes, sobre los que los músicos improvisarán. A esto lo llamamos **tema de jazz**.

Comienza cuando uno de los componentes de la banda chasquea los dedos para marcar el **tempo** (que es la velocidad a la que se tocará). Entonces, se interpreta el tema una vez y, a partir de aquí, cada músico tendrá su turno para crear, jugar y hacer virguerías con su instrumento mientras el resto lo acompaña. A esto lo llamamos **solo**.
Cuando todos los músicos han hecho su solo, interpretan el tema juntos una última vez.

Tanto en el jazz como en muchos de los géneros que veremos más adelante, los acordes son un elemento clave para entender cómo se crea la música. Pero ¿qué es un acorde?
Un acorde son dos o más notas tocadas a la vez. Las combinaciones posibles son inmensas. Por eso, las agrupamos según el tipo de sonido que proporciona: mayor, menor, disminuido, aumentado, etc.
En el caso del jazz, las combinaciones de notas en los acordes pueden ser de lo más extrañas y estrambóticas. Lo cual permite dar colores y sonidos muy peculiares.

La mayoría de conciertos de jazz se llevan a cabo en salas a las que llamamos «clubs». Suelen ser locales pequeños, con servicio de bar y un público fiel, donde también se realizan conciertos de otros géneros como blues, folk o dixieland.
Eso sí, tened presente que, si vais a un club de jazz, os iréis a dormir muy tarde. Y es que, la magia suele hacerse de noche.

AÚN NO ENTIENDO CÓMO PUEDEN TOCAR DURANTE TANTO RATO CON UNA PARTITURA QUE SOLO TIENE CUATRO GARABATOS.

TE RECOMENDAMOS:

- «Todos quieren ser Gato Jazz», *Los Aristogatos*, Disney.
- «So What», *A kind of blue*, Miles Davis.
- «From Within», Michel Camilo.

BiG BAND

Viajamos a los años 20. Tenemos ganas de fiesta y el jazz es la música del momento. Pero entre tanta improvisación y el poco espacio que hay en los clubs, no se puede bailar. Alguien se dio cuenta de esto y decidió ampliar la banda de jazz, escribir qué ha de tocar cada músico, y moverlos a una sala donde poder dejarnos llevar por el ritmo y bailar toda la noche.

La big band ya está aquí.

Las big bands tienen tres secciones:

- La rítmica, con la batería, el contrabajo, la guitarra y el piano.
- Viento-metal, con trompetas y trombones.
- Viento-madera, con los saxos.

El número de músicos oscilará entre diez y veinte personas, lideradas por un director. Este también puede ser uno de los músicos.

Si la canción tiene letra, también se puede añadir un cantante.

SOUL-FUNK-DISCO

Ya hemos experimentado la creatividad del jazz, hemos bailado con la big band y también hemos disfrutado del góspel con las melodías y el color de las voces. Y ahora, combinando estos ingredientes, llegan el **soul**, el **funk** y la música **disco**.

Los grupos que tocan estos géneros acostumbran a ser muy parecidos: una batería, una guitarra, un bajo eléctrico, un teclado y una sección de viento (saxo, trompeta y trombón). Los músicos, con las voces bien afinadas, porque en ocasiones deberán acompañar al o a la cantante, que a su vez hará de maestro de ceremonias. De hecho, es muy común que estos grupos combinen canciones de soul, funk y disco dentro de sus conciertos. Os explicamos algunos trucos para diferenciar cada estilo.

Funk

Como en el jazz, se acostumbra a interpretar un tema escrito, y después se da paso a cada uno de los instrumentos para que improvise. No obstante, los temas de funk se basan en pocos acordes y sin excesiva complicación. La parte rítmica es mucho más contundente: parece que el bajo y la batería no hacen gran cosa... pero tienen el peso del caminar de un elefante.

Otra característica es el uso de la guitarra. El músico rasguea las cuerdas combinándolas con los acordes, enmudeciendo así las notas. Con esta técnica, la guitarra se convierte en un instrumento más rítmico que melódico.

Soul

Aquí el protagonismo es para la voz. Las canciones pueden tener desde un carácter lento, íntimo y profundo, hasta uno alegre, bailable y festivo; pero, siempre, el cantante se luce con interpretaciones llenas de energía. Es importante el papel de la sección de viento, que normalmente tocan frases cortas, muy rítmicas y pegadizas, que le dan el color brillante y característico a las canciones.

Disco

Como os podéis imaginar, os pondréis a bailar nada más empezar la canción. Aquí el protagonismo se lo lleva la sección rítmica: tanto la batería como el bajo tocan con patrones (combinaciones de notas y ritmos) muy característicos que hacen que las luces y las caderas empiecen a moverse sin freno. Veréis cómo se puede tocar y bailar con cualquier instrumento: ¡todos se lo pasan bomba!

El *Groove*

En cualquier género, para que las canciones suenen bien, los instrumentos deben ir al mismo ritmo y tempo. En el caso del soul, el funk y la música disco, la base rítmica es tan marcada y repetitiva, que parece que los músicos sean uno solo. Es como si la canción caminara y se metiera en nuestro cuerpo de tal manera que es imposible estarse quieto. A esto lo llamamos **groove**.

LA PRÓXIMA VEZ QUE EL PROFESOR DE PIANO ME DIGA QUE ME SIENTE BIEN... ¡LE ENSEÑARÉ CÓMO TOCAN ESTOS!

TE RECOMENDAMOS:
- «Respect», Aretha Franklin.
- «Shake everything you've got», Maceo Parker.
- «I will survive», Gloria Gaynor.

ROCK

Es la hora de hacer temblar el edificio. Conectamos los amplificadores, tan grandes que casi no caben en el coche. Añadimos distorsión y encendemos los focos. El batería hace sonar el bombo, el cantante saluda por el micrófono y el guitarrista arranca el primer acorde: empieza el espectáculo.

Más duro, más suave, más melódico o incluso sinfónico, el rock es el género que acoge más variedad de estilos. Es una de las razones por las que ha movido, mueve, y siempre moverá a las masas: en el año 2006 en Río de Janeiro, dos millones de personas asistieron al concierto de los míticos Rolling Stones.

No hay un estilo de voz concreto. Voces agudas, graves, rotas, melosas, falsete… Es por eso por lo que el cantante suele ser quien le da más identidad al grupo.

Una de las mayores características del rock son los **riffs**: los ritmos de guitarra que se repiten a lo largo de la canción. Así, el guitarrista también define el estilo y el sonido del grupo. Además de por los solos épicos, claro.

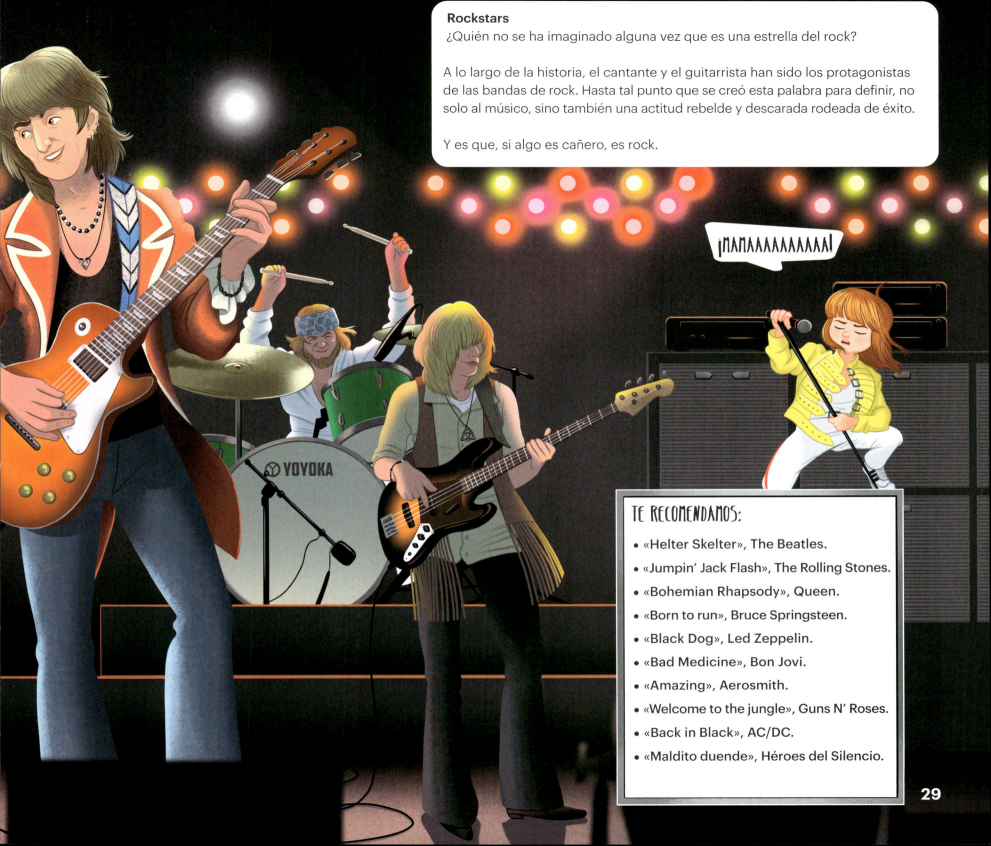

Rockstars

¿Quién no se ha imaginado alguna vez que es una estrella del rock?

A lo largo de la historia, el cantante y el guitarrista han sido los protagonistas de las bandas de rock. Hasta tal punto que se creó esta palabra para definir, no solo al músico, sino también una actitud rebelde y descarada rodeada de éxito.

Y es que, si algo es cañero, es rock.

TE RECOMENDAMOS:

- «Helter Skelter», The Beatles.
- «Jumpin' Jack Flash», The Rolling Stones.
- «Bohemian Rhapsody», Queen.
- «Born to run», Bruce Springsteen.
- «Black Dog», Led Zeppelin.
- «Bad Medicine», Bon Jovi.
- «Amazing», Aerosmith.
- «Welcome to the jungle», Guns N' Roses.
- «Back in Black», AC/DC.
- «Maldito duende», Héroes del Silencio.

ROCK II

La versatilidad de la guitarra, la batería y el bajo facilita la creación de nuevos estilos de música rock. Son nuevas maneras de pensar y de componer canciones. A veces están influenciadas por movimientos sociales y culturales; otras son simples modas pasajeras; a veces se mezclan, otras evolucionan...

Rock psicodélico
Años 60, llega el movimiento hippie: paz, amor, no a la guerra, y ¡experimentemos la vida!
- «Piece of my heart», Janis Joplin.
- «Purple Haze», Jimi Hendrix.

Grunge
Rock alternativo que representó a una generación de jóvenes desencantados con la sociedad. Guitarras distorsionadas, fuertes baterías y letras crudas y sinceras. El grunge se acabó cuando se convirtió en moda, pero su influencia se sigue notando.
- «Smells like teen spirit», Nirvana.
- «Animal», Pearl Jam.
- «Black Hole Sun», Soundgarden.

Punk
Actitud. No importa cómo te vistas, qué pienses o qué quieras decir. No hacen falta grandes composiciones. De hecho, tampoco es necesario ser muy bueno tocando. Simplemente sal al escenario y exprésate. Ahora bien, si lo haces, hazlo a saco.
- «Blitzkrieg Bop», Ramones.
- «Bad Reputation», Joan Jett.

Pop rock británico

El Reino Unido es la gran fábrica de bandas de pop rock. El mejor ejemplo: los Beatles. Son grupos muy comerciales, con canciones fáciles de escuchar, ritmos que te hacen saltar o bailar, y baladas para enamorarse siendo adolescente. Y siempre siempre, con estribillos pegadizos.
- «Acquiesce», Oasis.
- «Alright», Supergrass.
- «Take Me Out», Franz Ferdinanz.

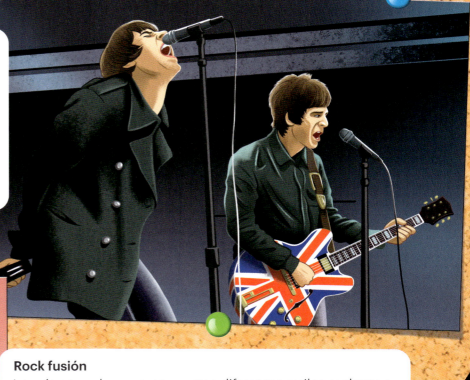

Rock fusión

Lo más normal es que nos gusten diferentes estilos, y algunos músicos han sido capaces de fusionar el rock con la música latina, el funk, el flamenco o el rap. Esto les permite tener una sonoridad y una personalidad propias en sus composiciones.
- «Give it away», Red Hot Chili Peppers.
- «Candela», Raimundo Amador.
- «Soul Sacrifice», Santana.

Rock progresivo

Los hechiceros de la música. Aquí los instrumentos tienen más peso que la voz. Son canciones más largas y elaboradas, con cambios de ritmo y recursos del jazz o la música clásica. A menudo encontramos álbumes conceptuales, en los que las canciones están relacionadas como si formaran parte de una misma historia.
- «Time», Pink Floyd.
- «Abre la puerta», Triana.
- «Dystopian Overture», Dream Theater.

HEAVY METAL

Visto el rock, ahora llevémoslo al extremo. Conseguimos una furgoneta más grande para los amplificadores, por lo enormes que son. Subimos aún más la distorsión de la guitarra y del bajo, y añadimos otro bombo a la batería. Y entonces, tocamos más fuerte, más denso y más oscuro.

Uno de los errores más frecuentes es pensar que en la música heavy los cantantes gritan. Pero no es así. De hecho, algunos de los vocalistas más populares usan técnicas de cante clásico. Esto no es incompatible con cantar como si fueran dragones sacando fuego por la boca cuando la canción lo requiere. (Aun así, siendo sinceros, hay estilos dentro del heavy en los que sí descubrimos cantantes gritando como un gorila resfriado.)

También sorprenden las estructuras de las canciones, en las que podemos encontrar repentinos cambios de ritmo, interludios, pasajes instrumentales y solos de guitarristas que parecen tener ocho dedos en una mano.

La mayoría de las letras hablan de hechos históricos, de ciencia ficción, de magia o de la mismísima muerte. Esto siempre ha marcado la estética a la hora de vestir, como las camisetas negras, los parches en las chaquetas, los estampados con demonios y calaveras, o las melenas de grandes guerreros.

Tony Iommi, Dios del Metal

Érase una vez un joven inglés llamado Tony a quien le gustaba tocar la guitarra. Tenía mucho talento, y una banda le propuso ir con ellos de gira por Europa. Aceptó, y comunicó en casa que dejaba el trabajo para hacerse guitarrista profesional. No obstante, su madre le dijo que fuera un día más a trabajar, para despedirse como Dios manda. Como iba a ser su último día en la fábrica, el jefe le pidió que sustituyera a un compañero que estaba enfermo. Tony nunca había manipulado aquella máquina, pero hizo lo que le pidieron. Por desgracia, al cortar una pieza de metal, la máquina también le cortó la punta de dos dedos de la mano. Su carrera como guitarrista parecía llegar a su fin antes de ni siquiera empezar.

Sin embargo, eso no lo detuvo. Para paliar el dolor en los dedos, se fabricó unos dedales de goma y cuero, y destensó las cuerdas para reducir la resistencia. Ahora la guitarra tenía una afinación más oscura y densa. Sin saberlo, acababa de crear un sonido que inspiraría a las futuras generaciones del rock. Y con su grupo, creó todo un género. Con Black Sabbath nació el heavy metal.

TE RECOMENDAMOS:

- «Enter Sandman», Metallica.
- «The number of the beast», Iron Maiden.
- «Iron Man», Black Sabbath.

LATINA

Nos trasladamos al Caribe. Playas de arena blanca y aguas turquesa. Palmeras y vegetación frondosa. Calor y humedad. No hay prisa, todo fluye. Ahora imaginemos cuál sería la música de esta escena.

No hay lugar para guitarras distorsionadas o cantantes de ópera. De hecho, hasta el concepto de **ir a ritmo** es diferente del resto de músicas que hemos visto hasta ahora. Y es que los estilos y los géneros siempre están vinculados con el lugar y el entorno en el que surgen.

Aquí encontramos unos palos marcando la clave (que es el ritmo), un contrabajo tocando **tumbao** (que es un segundo ritmo) y una guitarra haciendo **montunos** (que es un tipo de arpegio). Melodías agradables y armonías sin complicaciones. No hay partitura que diga qué debe tocar cada uno. Saber improvisar es importante.

Pero no penséis que es algo fácil. Tienes que haber nacido allí o bien tener un sentido del ritmo extraordinario para poner cada nota en su sitio.

Salsa, cumbia, mambo, merengue, vallenato, bachata, reguetón... La música latina es tan bailable que todos estos nombres sirven para definir tanto el género musical como su baile.

Hacemos una parada en Brasil. Oímos una guitarra que nos habla con ritmo suave, acompañando una melodía cantada en portugués.

Con acordes que juegan a cambiar los acentos al ritmo, la bossa nova es un género musical que siempre ha tenido mucha relación con el jazz.

Una delicia.

Si quieres escribir una carta de amor y no sabes cómo empezar, escucha un **bolero**. Estas canciones son baladas con letras tiernas, ritmo lento y música muy melódica. Perfectas para bailar pegados.

¡OYE CÓMO VA... MI RITMO!

TE RECOMENDAMOS:

- «María Cristina», Vieja Trova Santiaguera.
- «Garota de Ipanema», Carlos Jobim.
- «Contigo aprendí», Armando Manzanero.

FLAMENCO

Caminamos por calles andaluzas. Cuando el sol empieza a descender, nos dirigimos al tablao. Dentro, la gente permanece en silencio, y sobre la tarima descubrimos un espectáculo lleno de intensidad. Su música nos hace viajar al pasado. Y es que el flamenco es el eco de una tierra mestiza en la que convivieron diferentes culturas durante siglos.

Con una estética inconfundible, el flamenco se asienta en tres pilares: el cante, el baile y el toque.

Cante

Se considera el origen del flamenco. Los primeros cantaores interpretaban melodías tradicionales con un estilo propio de los gitanos andaluces y con raíces árabes. Su expresividad es tan única, que parece difícil que se pueda enseñar; se aprende escuchándolo, viviéndolo. Esta manera de cantar es el **cante jondo**: primitivo y solemne, y de una fuerte carga emocional. Con el tiempo, el cante ha ido evolucionando a medida que ensanchaba los modos de entonar, y actualmente se habla de **cante flamenco**.

Las letras acostumbran a ser cortas, de tres o cuatro versos. Los temas más recurrentes son el amor, la muerte y la relación con la tierra a la que pertenecen.

Baile

El baile flamenco se caracteriza, sobre todo, por su energía y expresividad. Incluso cuando los movimientos parecen lentos y contenidos, hay una fuerza que se transmite desde la cabeza hasta los pies: es un baile que se comunica con el suelo. Las bailaoras y bailaores interpretan la música en un espacio muy reducido, con movimiento llenos de contrastes: serenidad y elegancia, a la vez que rapidez y ferocidad. Además de los característicos movimientos de brazos y giros de manos, el baile se fundamenta en el sonido que se crea con los zapatos: el zapateado, golpes rítmicos, el punteado, ligeros y floreados, y el pateo, que consiste en descargar un fuerte golpe contra la tarima.

Toque

La guitarra se ha convertido en parte imprescindible del flamenco. Ella es la que crea el espacio para interpretar la obra. La técnica con la que se toca se llama **toque**. Hay cuatro recursos fundamentales: el *picado*, utilizando los dedos centrales de la mano para picar la cuerda; la *alzapúa*, utilizando el dedo pulgar arriba y abajo; el *trémolo*, en que se pica la misma nota repetidamente y a gran velocidad; y el *rasgado*, fregando rítmicamente varias cuerdas a la vez per marcar acordes. También se pueden intercalar golpes a la caja del instrumento, añadiendo así percusión.

Palos

A los diferentes tipos de canción del flamenco los llamamos **palos**. Si el flamenco fuera un árbol, los palos serían las ramas que brotan siguiendo su propio camino. Cada palo tiene un nombre según su origen y características, como el ritmo, la melodía, la métrica o la letra. Los palos principales son los fandangos, los tangos, las cantiñas, las seguiriyas y los soleares.

Duende

A veces oímos que un artista, a la hora de cantar, bailar o tocar la guitarra, «tiene duende». Esto solo pasa en el flamenco, y quiere decir que tiene algo especial, como un encanto que va más allá del talento. El duende se puede sentir, se puede apreciar en alguien, pero no se puede explicar ni aprender. Ahí es donde reside su magia.

NO ME TOQUES LAS PALMAS QUE ME CONOZCO.

TE RECOMENDAMOS:

- «Soy Gitano», Camarón.
- «Entre dos aguas», Paco de Lucía.
- «En lo alto del cerro», Estrella Morente.

CANTAUTORES

A menudo oímos a quienes comparan la música con la poesía. Esto es habitual en lo que conocemos como «música de cantautor», en la que las letras tienen el protagonismo de la canción, y el instrumento acompaña a las palabras. Acostumbra a ser un solo músico, armado tan solo con una guitarra y su voz. No necesitan nada más. Confían en las canciones, simples en lo musical, pero elaboradas en lo literario.

Es fácil pensar que cualquiera que escribe y canta canciones propias en acústico es un cantautor. Sin embargo, no es necesariamente así. Aquí proponemos tres tipos de canción características de muchos cantautores:

Canción protesta: crítica social y mensaje reivindicativo, escritas con belleza (e ingenio para evitar la censura).

Canción folk: son como paisajes, que muestran la historia, la cultura y las tradiciones de un pueblo.

Canción poética: memorias, humor, historias de amor... No importa el tema; lo primordial es la sensación de intimidad que transmiten.

Trovadores
Hay países en los que comparan a los cantautores con los antiguos trovadores. Estos eran poetas de la época medieval que escribían canciones y que, junto con los juglares, las interpretaban para el pueblo, que no sabía leer. De este modo, se transmitían las historias los unos a los otros.

TE RECOMENDAMOS:

- «Mediterráneo», Joan Manuel Serrat.
- «El sitio de mi recreo», Antonio Vega.

FOLCLORE

Como el flamenco o la música latina, hay géneros ligados estrechamente a una tierra, un país o una zona geográfica, que han cruzado fronteras sin perder su esencia. Aquí te mostramos tres ejemplos de los más característicos en todo el mundo.

Reggae
Es un género propio de Jamaica, reconocible por los ritmos relajados del Caribe que te invitan a bailar sin prisa. Destaca el uso del órgano Hammond y la técnica del rasgueo de la guitarra. Se suele vincular al movimiento espiritual rastafari.
- «Could you be loved», Bob Marley.
- «Bam Bam», Sister Nancy.

Ranchera
Es original de México, de tipo popular, con letras que hablan de la pertenencia a la tierra, la familia y el amor. Entre los instrumentos tradicionales, como el violín y el acordeón, destaca el guitarrón, que es una guitarra que parece haberse zampado al músico. A menudo se relaciona la ranchera con la música mariachi.
- «Ay Jalisco, no te rajes», Lucha Reyes.
- «El Rey», José Alfredo Jiménez.

Irlandesa
Irlanda es una tierra que respira música. Aun siendo acogida por diferentes géneros y artistas, la música irlandesa sigue manteniendo su talante original. Es imposible no reconocerla. En sus orígenes, las letras estaban escritas en gaélico y el instrumento predominante era el arpa. Aunque, con el tiempo, han ganado más protagonismo el *fiddle* (el violín irlandés), y el *bodhrán* (tambor). A estos se suman la flauta, el acordeón y la guitarra.
- «The Galway Girl», Steve Earle, con Sharon Shannon.
- «The Morning Dew», The Chieftains (M. Coleman).
- «Turlough O'Carolan», Captain O'Kane.

POP

La palabra «pop» no proviene del sonido que hace un tarro de mermelada al abrirlo por primera vez, sino de «popular». Por lo tanto, es algo que mucha gente conoce.

Pero ¿qué hay que hacer para conseguir que estas canciones lleguen a la mayor cantidad de gente posible? A continuación, os dejamos la receta del Chef Pop:

Ingredientes

-Una o un cantante fresco, acabado de pescar. Sobre todo, que sea guapetona o guapetón, que entre por la vista.

-Tres o cuatro melodías simples y pegadizas, de las que se pueden cantar en la ducha.

-Media docena de acordes sin complicaciones (no como en el jazz), para que sea fácil de digerir.

-Un par de estrofas con letras que hablen de temas comunes. Si son de amor, mejor. Y si hablan de lo bonito que es vivir, mejor todavía. (Se recomienda no utilizar metáforas muy enrevesadas.)

-Un estribillo con gancho, fácil de recordar, y que repetiremos hasta cansarnos. En serio, debemos conseguir que no puedas quitártela de la cabeza.

POP II

Pop Star

En el mundo del pop encontramos artistas que pasarán a la historia por su talento y por la influencia que han tenido y tendrán en futuras generaciones. Nombres como Michael Jackson, Madonna, Beyoncé y David Bowie son clave para entender maneras de cantar, de bailar e incluso de marcar tendencia más allá de la música.

Pop Bands

Una fórmula que siempre ha funcionado es la de crear un grupo formado por cuatro o cinco miembros que canten y bailen juntos. Cada uno de los miembros tiene una personalidad muy definida: el sensible, el rebelde, el simpático, el guapo, etc.

No obstante, siempre hay alguien que hace la función de líder. Es quien acostumbra a ser la voz solista, es decir, quien tiene más momentos cantando solo. Además, asume el rol de portavoz y chupa más cámara en los videoclips.

Fueron muy populares en los años 90 grupos como Take That, Backstreet Boys y Spice Girls. Hoy en día, siguen saliendo nuevas pop bands que triunfan en todo el mundo. El ejemplo más reciente es el fenómeno coreano K-Pop.

Videoclips

Un auténtico éxito pop debe ir acompañado de un videoclip. Sin excepciones. Un videoclip es una pequeña película de la canción. No se trata de añadir imágenes mientras suena la música, ni tampoco de mostrar exactamente lo que dice la letra. En un videoclip, música e imagen se combinan para crear una obra única.

Coreografías grupales al milímetro, paisajes fantásticos, protagonistas que viven intensamente una aventura o una historia de amor... Son muchos elementos que se usan para crear un vídeo espectacular que, en ocasiones, llega a ser tanto o más importante que la propia canción.

Son ejemplos de grandes videoclips:
- «Thriller», Michael Jackson (la verdad es que cualquiera de sus videoclips podría estar en la lista).
- «Bad Romance», Lady Gaga.
- «Swish swish», Katy Perry.

HIP HOP

Nos encontramos en una fiesta. El *disc-jockey* sabe que hay partes de una canción que, si las hace sonar repetidamente, la gente no podrá parar de bailar. Estos fragmentos son rompedores, contundentes y con mucho groove: es un momento idóneo para lucirse.

A continuación, alguien coge el micrófono y empieza a cantar y a recitar rimas, animando así a los presentes. Ha nacido el **hip hop**.

Cultura Hip Hop

Cuando hablamos de hiphop, nos referimos a un movimiento cultural, surgido por la manera de relacionarse y compartir con la gente de tu alrededor. Apareció en los años 70 en Estados Unidos, aunque sus raíces se encuentran en África y Jamaica. Destacan cuatro pilares que lo componen:

• El *disc-jockey* y su habilidad para crear las bases melódicas a partir de lo que llamamos **breaks**, que son estos fragmentos que se repetirán y que los raperos usarán para recitar encima. Uno de los recursos más característicos es el **scratching**, una técnica que consiste en mover el disco de vinilo hacia delante y hacia atrás, produciendo un sonido parecido a un arañazo.

• El baile, al que llamamos **breaking** o **break dance**, en el que los movimientos responden de manera directa a los golpes de la base rítmica. Es un estilo de baile que requiere un alto nivel de elasticidad y habilidades que pueden recordar a la gimnasia. Ya en los inicios se celebraban enfrentamientos que se han ido convirtiendo en torneos.

• El **grafiti** y otras expresiones plásticas, como las pintadas callejeras, que buscan la visibilidad de los viandantes. ¡Aunque esto parece algo moderno, ya se hacían en la antigua Roma!

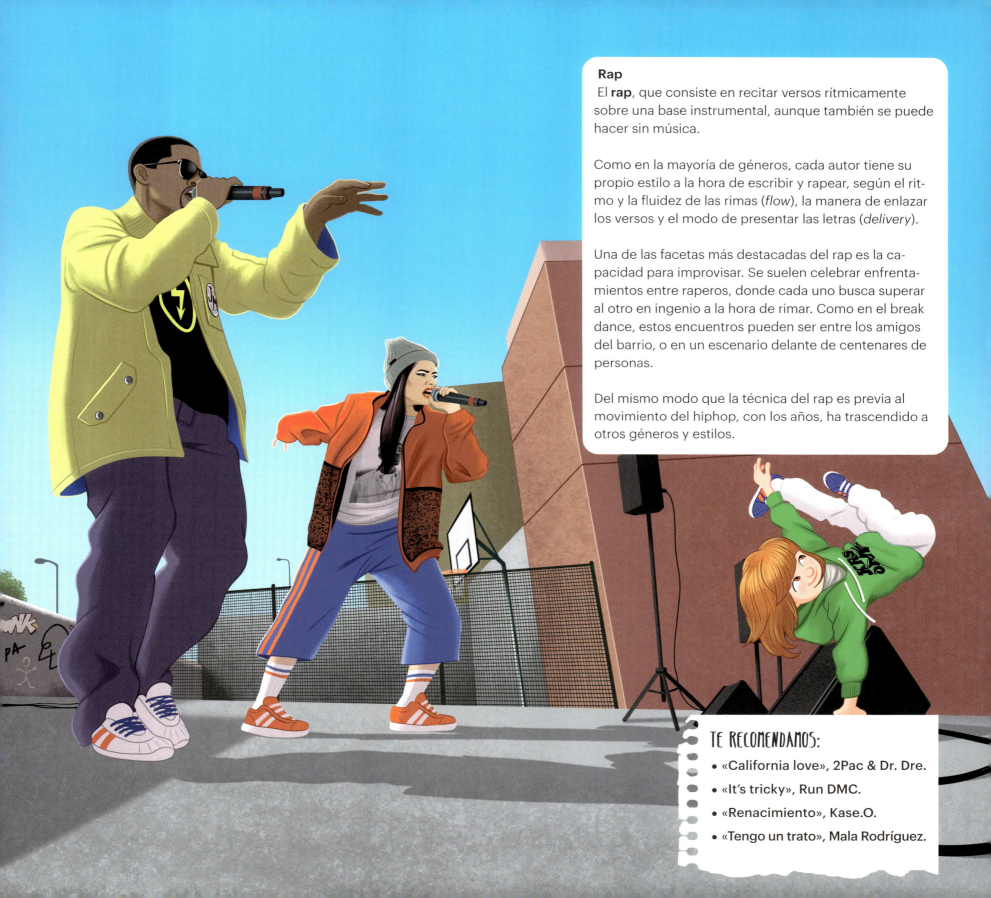

Rap

El **rap**, que consiste en recitar versos rítmicamente sobre una base instrumental, aunque también se puede hacer sin música.

Como en la mayoría de géneros, cada autor tiene su propio estilo a la hora de escribir y rapear, según el ritmo y la fluidez de las rimas (*flow*), la manera de enlazar los versos y el modo de presentar las letras (*delivery*).

Una de las facetas más destacadas del rap es la capacidad para improvisar. Se suelen celebrar enfrentamientos entre raperos, donde cada uno busca superar al otro en ingenio a la hora de rimar. Como en el break dance, estos encuentros pueden ser entre los amigos del barrio, o en un escenario delante de centenares de personas.

Del mismo modo que la técnica del rap es previa al movimiento del hiphop, con los años, ha trascendido a otros géneros y estilos.

TE RECOMENDAMOS:
- «California love», 2Pac & Dr. Dre.
- «It's tricky», Run DMC.
- «Renacimiento», Kase.O.
- «Tengo un trato», Mala Rodríguez.

DJ-DANCE

Así como no tiene nada que ver el teléfono de nuestros abuelos con los móviles de hoy en día, la tecnología también ha aportado nuevas herramientas a la música, que compositores e intérpretes han incorporado en sus creaciones. Gracias a estos avances, se han conseguido multitud de recursos que hace unos años eran inimaginables: desde aparatos que crean sonidos diferentes a los de los instrumentos acústicos a los que estamos acostumbrados, hasta sistemas que son capaces de grabar y reproducir exactamente lo que se escucha. Un ejemplo es que, con solo un móvil e internet, podemos escuchar todas las piezas que recomendamos... a lo largo del libro.

Esto también ha facilitado la creación de nuevos estilos de música que, a pesar de que su origen parece alejarse de lo que hacía Beethoven con un lápiz, un pentagrama y un piano, el resultado puede ser muy atractivo tanto para los oídos como para el resto del cuerpo, dado que son estilos pensados para bailar. Entre ellos, el dance (house, techno, dubstep...), el hiphop, el reguetón o el trap.

Muchas canciones de estos géneros se crean en un estudio musical. En vez de instrumentos, se utiliza un ordenador con multitud de sonidos y ritmos prediseñados que el productor o compositor se encarga de combinar para acabar consiguiendo una canción. En algunos casos, las canciones tienen una parte cantada, pero a diferencia del resto de géneros que hemos visto, el protagonista no es ni el cantante ni sus habilidades vocales, sino que son el ritmo, las melodías, los sonidos, el volumen y la habilidad para combinarlo todo de una manera que guste al público (y a cuanto más, mejor).

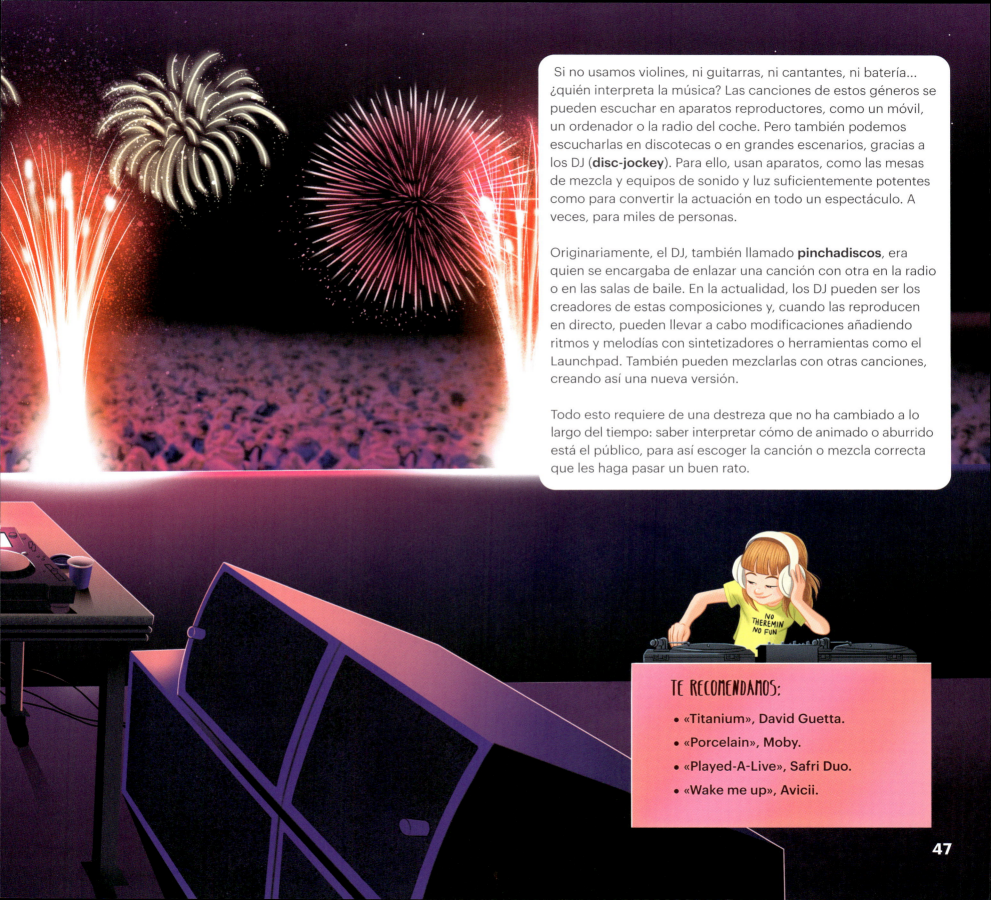

Si no usamos violines, ni guitarras, ni cantantes, ni batería... ¿quién interpreta la música? Las canciones de estos géneros se pueden escuchar en aparatos reproductores, como un móvil, un ordenador o la radio del coche. Pero también podemos escucharlas en discotecas o en grandes escenarios, gracias a los DJ (**disc-jockey**). Para ello, usan aparatos, como las mesas de mezcla y equipos de sonido y luz suficientemente potentes como para convertir la actuación en todo un espectáculo. A veces, para miles de personas.

Originariamente, el DJ, también llamado **pinchadiscos**, era quien se encargaba de enlazar una canción con otra en la radio o en las salas de baile. En la actualidad, los DJ pueden ser los creadores de estas composiciones y, cuando las reproducen en directo, pueden llevar a cabo modificaciones añadiendo ritmos y melodías con sintetizadores o herramientas como el Launchpad. También pueden mezclarlas con otras canciones, creando así una nueva versión.

Todo esto requiere de una destreza que no ha cambiado a lo largo del tiempo: saber interpretar cómo de animado o aburrido está el público, para así escoger la canción o mezcla correcta que les haga pasar un buen rato.

TE RECOMENDAMOS:

- «Titanium», David Guetta.
- «Porcelain», Moby.
- «Played-A-Live», Safri Duo.
- «Wake me up», Avicii.

QUIÉN ES QUIÉN DETRÁS DE LOS MÚSICOS

Tramoyista Escenario solo hay uno. Pero en el mismo espectáculo puede haber diferentes escenas. Decorados, pantallas, inflables, atrezo... El tramoyista creará el mundo que el show requiera en cada momento.

Pipas. Aquí un homenaje a todos aquellos héroes que llegan los primeros para montar el escenario, y se van los últimos tras guardarlo todo en los camiones, esperando para emprender el viaje al siguiente concierto.

Promotor. Se encarga de organizar y conseguir todo lo necesario para celebrar un concierto. La sala o el recinto, el transporte y el hospedaje, el personal y el equipo, la promoción, los caprichos de los artistas... Es como el director de orquesta del evento.

Técnico de instrumentos. Se encarga de que los instrumentos estén bien afinados y a punto para salir al escenario. Además, debe estar preparado para cualquier sorpresa: a veces los músicos hacen sufrir a los instrumentos, y no todas las cuerdas aguantan la presión del directo.

GLOSARIO

Acorde: son dos o más notas sonando a la vez, pero en este caso no pueden ser cualquier nota, sino que deben ser notas que al sonar conjuntamente generen un sonido harmónico. Hay muchos tipos de acordes: mayores, menores, disminuidos, aumentados, séptima, novena... y cada uno tiene una sonoridad peculiar que hace que las canciones puedan tener diferente carácter y color. Una misma melodía puede sonar brillante y alegre, o apagada y triste, solo por estar acompañada con unos acordes u otros.

Agudos y graves: del mismo modo que para saber si algo está cerca o está lejos, medimos la distancia (en metros, kilómetros...) la tonalidad del sonido se puede medir por su frecuencia (en hercios, kilohercios...). Los sonidos agudos son las de frecuencias altas, y los sonidos graves, los de frecuencias bajas. Por ejemplo: cuando un pajarillo canta, el sonido que emite es agudo y está en unos 5.000 hercios. Pero cuando oímos un trueno de una tormenta, el sonido que emite es grave y está alrededor de solo 20 hercios. Otro ejemplo: el chillido de un amigo vuestro al caerle una araña gigante en la cabeza, será un sonido agudo... pero los ronquidos del abuelo cuando duerme, son un sonido grave.

Arpegio: son notas que forman un acorde, tocadas una por una en vez de todas a la vez.

Harmonía: es una disciplina que define qué notas deben ser las que suenen para construir un acorde, dentro de la infinita variedad de polifonías que se pueden generar al tocar varias notas a la vez.

Interludio: es una pieza musical de corta duración que se utiliza para enlazar otras dos piezas, normalmente de más entidad.

Melodía: una melodía no es más que una secuencia de notas, es decir, una nota detrás de otra (¡incluso la misma nota!). Es la esencia de una canción. Largas o cortas, bonitas o extrañas... al final dependerá del conjunto de elementos que la acompañan: ritmo, harmonía, letra, instrumentos, etc.

Partitura: cualquier tipo de lenguaje es un código que usamos para comunicarnos. En el caso de la música, también tiene su propia escritura, solo que, en vez de letras, palabras, frases o esquemas, usamos notas, acordes, fraseos, dinámicas, etc. Este código musical se escribe sobre pentagramas, que sirven para ordenar la música escrita. La partitura es el libro donde encontramos las piezas musicales escritas.

Polifonía: una polifonía son dos o más notas que suenan a la vez. Que el sonido que salga sea más o menos agradable para nuestros oídos, depende de cuáles sean estas notas y de si tienen un sentido harmónico. Hay instrumentos melódicos e instrumentos polifónicos. Los instrumentos melódicos solo pueden tocar una nota a la vez, como por ejemplo los instrumentos de viento, en cambio, los instrumentos polifónicos pueden tocar varias notas a la vez, como la guitarra o el piano.

Puente: si observamos la estructura de una canción, especialmente las de estilo «pop», es fácil identificar las estrofas y el estribillo. El estribillo suele ser la parte más conocida y que más se repite, normalmente con la misma letra. La estrofa es la parte de la canción que desarrolla la historia que nos está explicando, que se repite en lo musical, aunque cambiando la letra. Pero en ocasiones también aparece el puente: una pequeña frase, con una melodía y acordes diferentes al resto, que enlaza estrofas y estribillos y ayuda a romper la monotonía, dando un soplo de aire fresco para acabar de escuchar la canción hasta el final.

Silencio: es lo que se escucha cuando no se oye nada. Aunque puede parecer un concepto muy simple, el silencio dentro de la música puede tener un papel muy importante. Por ejemplo, desde un punto vista práctico, si varios instrumentos tocan juntos, los silencios crean espacios para que unos suenen y otros no, dependiendo del momento de la canción. Pero desde un punto de vista más artístico, los silencios también dan carácter a la música, y es que un simple silencio puede generar expectación, admiración, o incluso nerviosismo dependiendo de la duración y el momento donde se hace «no-sonar». El silencio también es parte de la música.

Tesitura: la tesitura es la amplitud de sonidos que puede hacer una voz o un instrumento, desde la nota más grave hasta la nota más aguda. Por ejemplo, la tesitura habitual de un cantante (ya sea voz de Soprano, Contralto, Tenor o Bajo) es de dos octavas, es decir, quince notas. Mientras que la de un piano pasa de las siete octavas.

Tonalidad: a menudo nos encontramos con que una pieza musical (una sinfonía, un blues, un tema de jazz...) indica que está en tonalidad de «Sol mayor», «Do menor», «Mi bemol mayor»... Eso quiere decir que las notas y los acordes de la pieza giran alrededor de una nota o acorde principal. Esto nos ayuda a guiar a nuestros oídos y nuestro sentido musical, provocándonos una sensación de «reposo» cada vez que vuelve a ese acorde principal de la tonalidad, al que también llamamos Tónica. En contraposición, puede ser que, si algunas notas y acordes utilizados no están dentro de la tonalidad, no nos acabe de encajar cómo suena.

Virtuosismo: se le llama virtuoso a alguien con una habilidad excepcional a la hora de hacer algo. En el caso de la música, el virtuosismo se asocia a instrumentistas que son capaces de tocar su instrumento con muchísima agilidad, precisión, carácter, timbre... Hoy en día es fácil entender que una persona virtuosa con su instrumento lo es gracias al talento y las horas de dedicación y esfuerzo sobrehumano. Pero en siglos pasados, a virtuosos como Paganini con el violín, o Liszt con el piano, se los acusaba de haber obtenido su talento haciendo un pacto con el Diablo...

Voz blanca: llamamos voz blanca al timbre de voz que tienen todos los niños y niñas hasta la pubertad (aproximadamente 12 años en el caso de las niñas, y 14 años en el caso de los niños). De pequeños, nuestra laringe es pequeña, lo cual hace que el sonido que sale sea agudo, diferente al de una persona adulta. No obstante, cuando nos hacemos mayores, nuestra voz se vuelve más grave, sobre todo en el caso de los chicos, donde el cambio de voz es muy brusco: en pocas semanas pueden pasar de cantar como un ratón a parecer un pirata asaltando un barco.

PLAYLIST

Si escaneas este código QR accederás a una página web donde podrás reproducir todas las canciones que te recomendamos.

(Youtube)

(Spotify)

BIOGRAFÍAS

Jose López
(Sabadell, 1988) Aunque no lo parezca, tiene estudios. Es licenciado en Filosofía, adicto a las hamburguesas con queso y zurdo para tocar la guitarra. Ha trabajado como editor y traductor, y es el autor de la serie juvenil *Daniel King*. También se le ha visto dando conciertos para animales. Actualmente, se dedica a dilapidar el poco dinero que tiene viajando y coleccionando historias.

Xavier Romeu Rojano
(Sant Quirze del Vallès, 1978) Empezó a tocar el piano a los cinco años. Ya a los dieciocho, con el grado profesional bajo el brazo, vio que licenciarse en Economía le permitiría pagar un alquiler mejor que no solo con las clases de piano. Aprovechó ese momento para empezar a tocar todo tipo de palos, desde Rock&Soul hasta acompañar corales y cantantes líricos. Es padre de una parejita de siete y de dos años, y de vez en cuando hace el canalla por los escenarios tocando versiones de clásicos italianos.

María Simavilla
(Salamanca, 1983) Empezó a dibujar a la misma edad en la que Mozart componía sus primeras obras musicales, aunque nunca tuvo que llevar peluca. Ha ilustrado más de una veintena de libros y varias series juveniles como *Daniel King*. Nunca aprendió a tocar un solo instrumento, pero es melómana desde mucho antes de saber que serlo no tiene nada que ver con que te guste el melón ni nada de eso.

Escribir esta obra ha sido una aventura llena de buenos momentos y largas sesiones de debate, escuchas, afinaciones, batidos de vainilla y zumos de naranja. Se ha escrito en libretas, pentagramas y ordenadores, sobre un escritorio, en el dorso de una guitarra y en la tapa de un piano. No ha sido fácil, pero más nos cuesta no hablar de música.

Este libro se imprimió en septiembre de 2021, bajo el potente rock industrial de las máquinas de imprenta. Por lo visto, los operarios de Tallers Gràfics Soler usaron cañones de fuego para la iluminación e hicieron *headbanging* mientras la rotativa interpretaba su sintonía.